Mon Premier Alphabet

HACHETTE et Cie

Mon PREMIER ALPHABET

LA PETITE FRANÇOISE A DÉSIRÉ JOUER AU BALLON, A LA DINETTE, ET ROBERT A BIEN VOULU, MAIS A LA FIN IL A DIT : « REGARDONS DES IMAGES ». IL RACONTE ALORS DE JOLIES HISTOIRES, LUI QUI SAIT LIRE.

Mon Premier Alphabet

Lecture & Écriture

ALBUM ILLUSTRÉ DE 336 GRAVURES

PARIS
LIBRAIRIE HACHETTE ET Cie
79, Boulevard Saint-Germain, 79

Droits de propriété et de traduction réservés

« REGARDEZ, MESDEMOISELLES, REGARDEZ, MESSIEURS, VOILA UN LAPIN QUI ÉTAIT CACHÉ DANS LE NEZ DE CE PAUVRE GARÇON !
HEUREUSEMENT QUE JE SUIS VENU.... »

ALPHABET, *classement ordinaire.* — *A* — *B* — *C*.

LES SIGNES CONVENTIONNELS de l'alphabet ne disent rien à l'enfant et, par suite, se fixent tout d'abord malaisément dans sa mémoire. Les mamans écarteront cette difficulté et faciliteront les débuts, en montrant à leurs petits élèves à copier au fur et à mesure les lettres qu'ils apprennent, aussi bien les caractères d'imprimerie que les autres. L'enfant, en dessinant aussi fidèlement que possible les signes qu'il a regardés attentivement, les retiendra mieux, et l'écriture le distraira et le reposera de la lecture.

ALPHABET, classement ordinaire. — D — E — F.

DINDON.

ÉLÉPHANT.

FLAMANT.

ALPHABET, *classement ordinaire.* — G — H — I.

G

GRENOUILLE.
g

H

HIPPOPOTAME.
h

I

IBIS.
i

8   ALPHABET, classement ordinaire. — J — K — L.

J

JAGUAR.

j

K

KANGOUROU.

k

L

LION.

l

ALPHABET, classement ordinaire. — *M — N — O.* 9

M	MOUTON.	m / *m*
N	NANDOU.	n / *n*
O	ORANG-OUTANG.	o / *o*

2

10 ALPHABET, *classement ordinaire.* — P — Q — R.

P

PORC.

p
p

Q

QUINCAJOU.

q
q

R

RHINOCÉROS.

r
r

ALPHABET, *classement ordinaire.* — S — T — U.

S  s
s

SINGE.

T  t
t

TORTUE.

U  u
u

UNAU.

12 ALPHABET, classement ordinaire. — V — X — Y.

V	VACHE.	V v
X	XYLOCOPE.	X x
Y	YAK.	Y y

ALPHABET, classement ordinaire. — Z.

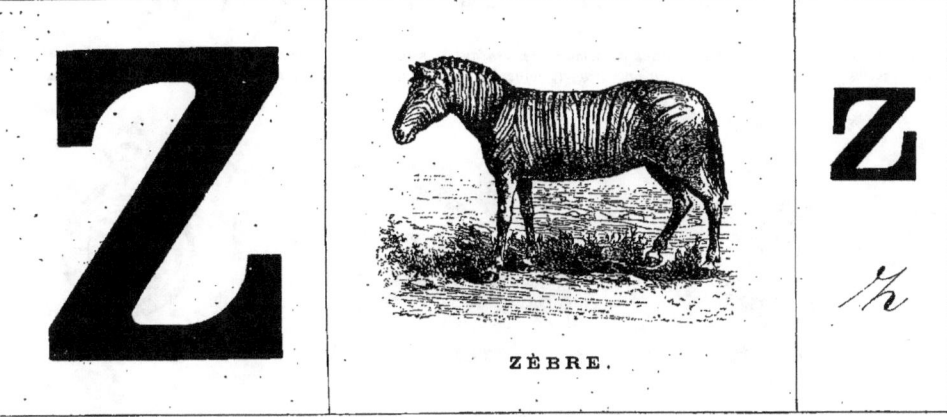

ZÈBRE.

ALPHABET, majuscules et minuscules, classement ordinaire.

APPRENDRE A LIRE est chose si compliquée que toute simplification est bonne à adopter; or, en voici une assez importante : On peut enseigner dès l'abord aux enfants la prononciation des consonnes d'après leur valeur ordinaire dans les mots, soit **be, fe, je, me,** etc., plutôt que leur nom de convention : **bé, effe, ji, emme,** etc. Dans ce dernier cas, en effet, il faut modifier le nom des consonnes dès qu'elles rencontrent une voyelle, et enseigner que **bé-a** ne se lit pas **béa,** mais **ba.** Au contraire, **be-a** fait plus aisément **ba** surtout si l'on accoutume l'élève à prononcer la consonne isolée très brièvement et d'une façon presque élidée : **b' f',** etc. Les autres procédés arrivent aux mêmes résultats, mais par des chemins plus détournés. Ils continueront donc, cela va sans dire, à rendre de bons services aux mamans qui se défient un peu des innovations.

A	B	C	D	E	F	G
a	b	c	d	e	f	g
H	I	J	K	L	M	N
h	i	j	k	l	m	n
O	P	Q	R	S	T	U
o	p	q	r	s	t	u
V	X	Y	Z			
v	x	y	z			

ALPHABET PÊLE-MÊLE
O—I—M—L—F—T—A—R—N—Z—X—Q.

A FORCE de rencontrer les lettres dans le même ordre, l'enfant apprend à les répéter comme un refrain, sans pour cela les connaître réellement. Voici des groupements quelconques où il sera très bon de faire lire souvent pour parer à ce danger.

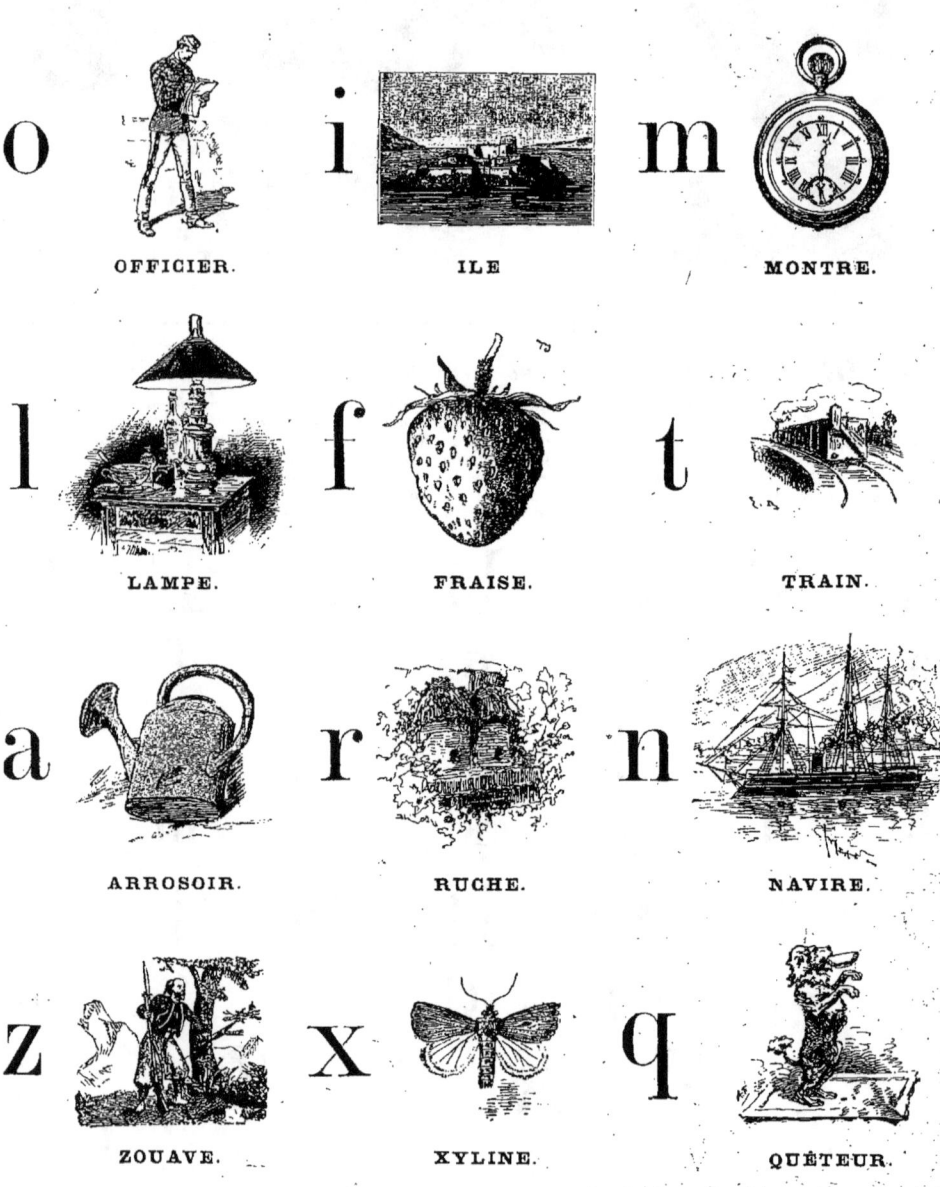

o — OFFICIER.
i — ILE.
m — MONTRE.
l — LAMPE.
f — FRAISE.
t — TRAIN.
a — ARROSOIR.
r — RUCHE.
n — NAVIRE.
z — ZOUAVE.
x — XYLINE.
q — QUÊTEUR.

ALPHABET PÊLE-MÊLE
G — K — C — J — E — V — D — P — B — U — H — S.

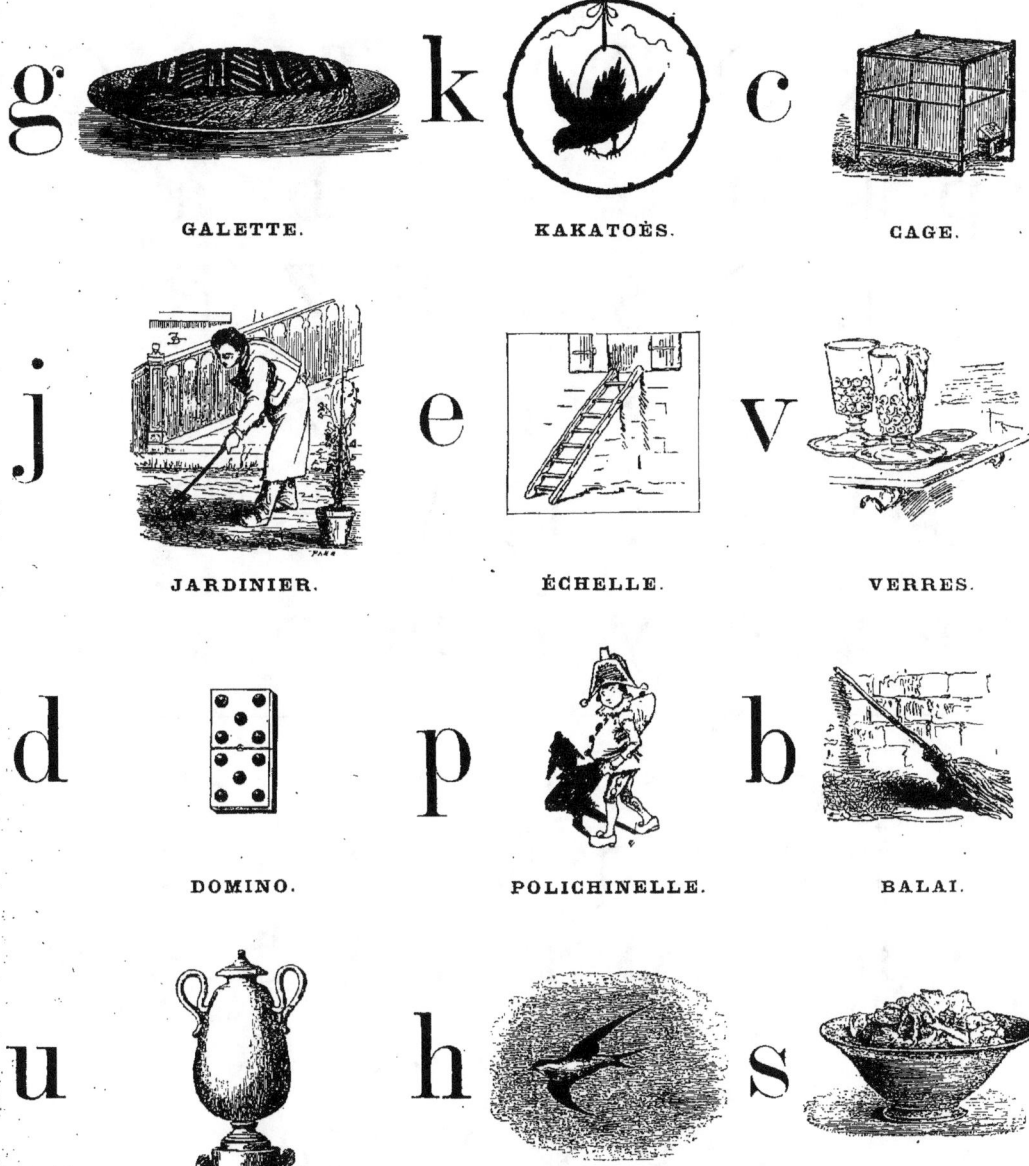

g GALETTE.

k KAKATOËS.

c CAGE.

j JARDINIER.

e ÉCHELLE.

v VERRES.

d DOMINO.

p POLICHINELLE.

b BALAI.

u URNE.

h HIRONDELLE.

s SALADE.

ALPHABET PÊLE-MÊLE

MAJUSCULES et MINUSCULES

P K Q E X J U A C

p k q e x j u a c

L D S I F Z R

l d s i f z r

O T N Y H M B G V

o t n y h m b g v

CONSONNES MINUSCULES.

j c z q k r f x t

p h m d n v l b s g

VOYELLES MINUSCULES.

o u e y i a

ELLES SONT JOLIMENT BONNES LES CERISES!

DIPHTONGUES OU—AN—ON—IN—UN—EU.

LES SONS ci-dessus n'ayant pas de figures propres, pour leur en prêter une qui frappe l'œil de l'enfant et s'y grave, il faut faire considérer, le plus possible comme un ensemble, les signes empruntés à d'autres lettres déjà connues ; on fera donc lire les diphtongues sans épellation préalable, comme un signe unique et pour ainsi dire comme une lettre nouvelle.

OU ou  *ou* / *an*  **AN** an

OUTARDE. ANTILOPE.

ON on  *on* / *in*  **IN** in

ONDÉE. INCENDIE.

UN un  *un* / *eu* 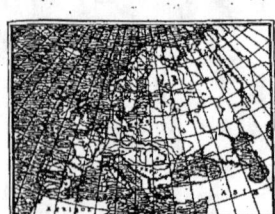 **EU** eu

UN CHIEN. EUROPE.

VOYELLES ACCENTUÉES  VOYELLES MÉLANGÉES

a á â   *e o a*

e é è ê   *i u e*

o ô - u û   *o e u*

SYLLABAIRE.

1ᵉʳ TABLEAU

b	
c	a
d	
f	e
g	i
h	o
j	u
k	
l	é
m	
n	a
p	e
q	i
r	
s	o
t	u
v	
x	é
z	

L'INCONVÉNIENT signalé à propos de l'alphabet présenté toujours dans le même ordre, ne tarde pas à paraître pour les tableaux, naturellement invariables, des syllabaires ordinaires que l'enfant sait bien vite par cœur. Nous proposons donc aux mamans d'y substituer les deux tableaux ci-contre qui se prêtent à tous les exercices élémentaires de syllabation qu'elles jugeront utiles. Ces tableaux ne présentant aucun signe que l'enfant ne connaisse déjà parfaitement, il s'agit de les lui faire combiner entre eux. — 1° la consonne appuyée sur une voyelle simple : **ba, be, bi, bo, bu**, — **fa, fe, fi, fo, fu**, etc.; on pourrait faire défiler d'abord la même consonne devant toutes les voyelles simples : **ba, be, bi, bo, bu**, — **fa, fe, fi, fo, fu**, etc.; puis toutes les consonnes devant la même voyelle, **ba, ca, da**, etc. (on évitera de montrer **ce, ci, ge, gi**, qui nécessitent des exceptions de prononciation). — 2° Mêmes exercices pour les diphtongues. — 3° Pour l'étude des syllabes inverses : **ac, ic, oc, uc**, etc. — 4° Pour les syllabes à trois éléments : **bal, bil, bol, bul**, etc.

Quoi qu'il en soit, voici comment on procédera, soit à faire lire **bi** : de l'index de la main gauche, la maman indiquera dans la première colonne la consonne, tandis que l'index de la main droite désignera la voyelle dans la seconde, — ou bien le médius de la main gauche s'arrêtera sous la consonne, tandis que l'index de la même main se placera sous la voyelle, et que l'index de la main droite désignera une deuxième consonne (ce dernier procédé est le seul pratique pour les syllabes de trois lettres). Quant à l'enfant, il sera invité à unir les lettres indiquées sans épellation préalable.

L'intérêt du petit élève est, en général, vivement éveillé par le va-et-vient d'une lettre à l'autre et il tâche de ne pas se laisser embarrasser par l'imprévu des mouvements. On l'amènera d'autant plus vite à une lecture intelligente, qu'on l'habituera à moins épeler, car l'épellation altère complètement la forme des mots ; or il va sans dire que tous ces exercices doivent toujours aboutir à la lecture des mots et des phrases, groupés par ordres de difficultés, dans la série des 82 exercices qui vont suivre.

2ᵉ TABLEAU

b	
c	an
d	
f	on
g	in
h	eu
j	ou
k	
l	un
m	
n	an
p	on
q	in
r	
s	eu
t	ou
v	
x	un
z	

MODÈLES D'ÉCRITURE.

JUSQU'ICI, LES ENFANTS n'ont eu à copier que des caractères isolés ; cependant ces exercices les ont assez familiarisés avec les lettres pour que, sans autres préliminaires, ils puissent aborder l'écriture des mots entiers, surtout si les mamans veulent bien adopter la disposition des lignes ci-dessous : Chaque lettre est exécutée d'abord isolément pendant une ligne, d'après un modèle posé au commencement par la maman ; pour finir vient le mot complet comme récompense et couronnement des efforts.
Cela est suffisant pour que chaque modèle soit bien étudié sans que l'exercice ait le temps de devenir monotone et mécanique.
Certaines lettres subissent par leur rapprochement un complet changement de valeur, elles ne doivent donc pas être plus séparées dans l'écriture que dans la lecture, puisque chacune d'elles, prise à part, ne ferait plus du tout le même son.

m m m m m

a a a a a a a a

m m m m m

an an an an

maman maman

ch ch ch ch

an an an an

s s s s s s s s s s s

on on on on

chanson chanson

La Voiture aux Chèvres des Champs-Élysées.

CES ENFANTS SONT TRÈS SAGES, MAIS LA PETITE MARIE A BIEN TORT D'ÉCRIRE AVEC SA MAIN GAUCHE.

JEUX ALPHABÉTIQUES
OU EXERCICES PUREMENT ORAUX SUR LES SONS DES LETTRES

IL EST EXCELLENT de proposer aux enfants des jeux qui les rendent attentifs à la façon dont ils se servent de leur petite bouche pour parler et leur fassent observer les sons qui composent les mots qu'ils prononcent. Cela leur facilitera la lecture, car lorsqu'ils y retrouveront les sons qu'ils ont remarqués dans les mots, ce seront déjà de vieilles connaissances et ils retiendront plus aisément leur figure graphique. — Nous conseillons donc fort aux mamans les jeux ci-après.

UNE SYLLABE. — **Question** : *En un coup, que dirons-nous?* — **Réponse** : Chat. — Rat. — Pot. — Lit. — Coq. — Dent. — Main. — Pied. — Chien. — Banc, etc.

JEUX ALPHABÉTIQUES (suite).

DEUX SYLLABES. — **Question :** *En deux coups, que dirons-nous ?* — **Réponse :**

Maman. — Papa. — Maison. — Tambour. — Coussin. — Mouton. — Chapeau. — Bonbon. — Enfant. — Forêt. — Crayon. — Rideau. — Canard. — Oiseau, etc.

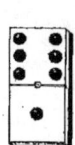   

TROIS SYLLABES. — **Question :** *En trois coups, que dirons-nous ?* — **Réponse :**
Domino. — Papillon. — Matelot. — Canapé. — Écureuil. — Liseron. — Cavalier, etc.

VOYELLE A. — **Question :** *Où habite Monsieur A ?* — **Réponse :** Dans une carafe. — Une dame. — Un âne. — Un chat. — Un crabe. — Un cadenas, etc.

VOYELLE I. — **Question :** *Où habite Monsieur I ?* — **Réponse :** Dans une pipe.
— Un nid. — Un iris. — Une bourriche. — Une miche. — Une pie. — Une niche, etc.

 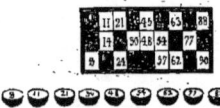  

VOYELLE O. — **Question :** *Où habite Monsieur O ?* — **Réponse :** Dans une pomme.
Un loto. — Une cloche. — Un piano. — Un bol. — Une botte. — Un marmot, etc.

JEUX ALPHABÉTIQUES (suite).

VOYELLE U. — **Question** : *Où habite Monsieur U ?* — **Réponse** : Dans une plume.

 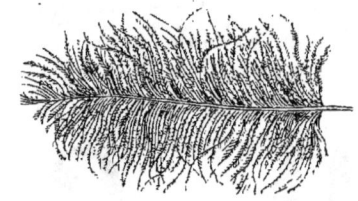 

Un juge. — Un curé. — Une autruche. — Une truffe. — Une flûte. — Un vestibule. — Un bureau. — Une tulipe. — Une prune. — Une cruche. — Un fusil. — Un nuage, etc.

 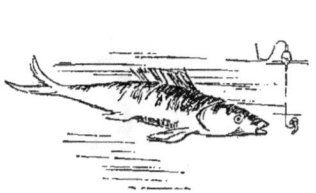  

ON. — « *Je te vends mon corbillon* ». — « *Qu'y met-on ?* ». — Un jambon. — Un chausson. — Un papillon. — Un poisson. — Un ballon. — Un pigeon. — Un bouton, etc.

 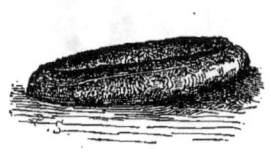 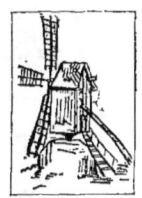 

IN. — « *Je viens du moulin* ». — « *Qu'as-tu vu au moulin ?* ». — Un poussin. Un pain. — Un moulin. — Un poulain. — Un bambin. — Un crin. — Un boudin, etc.

  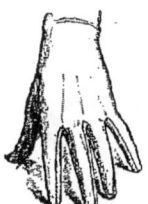 

AN. — « *Je suis marchand* ». — « *Qu'est-ce que tu vends ?* ». — Un faisan. — Un merlan. — Un paon. — Un écran. — Un éléphant. — Un gant. — Un hareng, etc.

JEU DE LETTRES.

LES VINGT CASES ci-dessous contiennent toutes les lettres généralement employées dans les mots usuels. Quand les enfants seront habiles aux jeux alphabétiques oraux et connaîtront à peu près l'alphabet, on pourra leur proposer sur cette page le jeu suivant : Laisser tomber au hasard un dé, un jeton ou un petit objet quelconque et fournir le plus vite possible un mot renfermant la lettre marquée dans la case où l'objet s'est arrêté. Exemple : Le jeton tombe sur la case L — l'enfant doit crier aussitôt **Lune**! — Si la maman joue avec son petit élève, l'intérêt et le plaisir deviendront encore plus vifs par l'émulation.

r	p	c	a
j	s	t	u
b	l	o	v
n	i	m	g
f	e	d	z

(LE PRINTEMPS : commence le 20 mars, finit le 21 juin, dure 93 jours.)
CÉCILE CUEILLE UN BOUQUET, TOUT A COUP ELLE S'ARRÊTE : « COMME C'EST JOLI LE PRINTEMPS, IL Y A DES FLEURS, DES OISEAUX, DU CIEL BLEU. OH! COMME C'EST JOLI. »

1ᵉʳ EXERCICE DE LECTURE.

B — C — D — F — G — J — L — M — N — O — P — R — S — T — V
A — E — I — O — U — É — È — Ê — etc.

LES MAMANS voudront bien remarquer que chaque groupe de mots est comme l'esquisse d'une historiette, dont elles pourront faire la récompense des petits élèves, quand ils auront bien lu. Les dernières lignes serviront de modèles d'écriture.

MOTS D'UNE OU DEUX SYLLABES.

lune
dodo
rêve
loto
fête
papa

Bébé fera dodo.   Bébé se lève.

la mère   Mimi dîne.   la dame
le père   Le rôti fume.   la robe
le bébé   la jupe

Mimi   Toto
Lili   Dédé
Nina   René

Sara fera du pâté.   la rave   René va lire.

Nina a pâli.   *Papa a ramé.*

1ᵉʳ EXERCICE DE LECTURE (suite).
MOTS D'UNE, DEUX, TROIS ET QUATRE SYLLABES.

Le navire solide
La petite cabine
Le pilote timide

La malade a bu.   Le canari vole.

le remède   la cabane
la panade   la tulipe
la limonade   le camarade
la pilule   la sérénade

Le navire va vite.

Simone   Madeline
Magali   Mélina

Jérôme galope.   Nicole se lave.

la pelote   la pèlerine
la bobine   la capote
la tirelire   la chevelure

Caroline relève sa petite robe.

Nicole a sali sa figure.

2ᵉ EXERCICE DE LECTURE.
X — Z — CH — GN — ILL.

Micheline
le châle
la calèche

Maxime
la taloche
la bataille

La petite vachère
ramène sa vache.

La vache lèche la muraille.

La niche du caniche. La ruche de paille.

La vache rumine.

la vache
la biche
la volaille
la caille

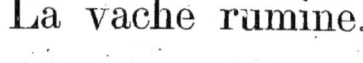

la muraille
la roche
le chêne
la bûche

Mina a jeté de la miche
sèche à la volaille.
La biche se cache.

Remi a bêché sa vigne. Lazare se cogne.
Micheline a déchiré le fichu de sa mère.

Maxime pêchera à la ligne.

3ᵉ EXERCICE DE LECTURE.
ON — AN — IN.

Le caneton se dandine.
Le dindon se pavane.

le marin

le capuchon
le pantalon

le dindon
le caneton
la pintade

Le Lapon.

Fanfan danse,
sa maman chante.

Suzon va lire un
conte à Madelon.

le matin
la chanson
le pinson
le sapin
le serin
le bâton

le bûcheron
la montagne
le chemin
le gazon
la lavande
le lapin

Fanfare !

Le bûcheron va à la montagne.

Le lapin se régale de lavande.

3ᵉ EXERCICE DE LECTURE (suite).
OU — EU — UN.

La jeune poule couve.

Un peu de feu.

La feuille du chou.

le joujou   Micheline se mouche.   la mouche
la boule   le moucheron
La boule roule.   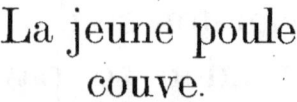   La mouche vole.

Où va Ninon toute seule?

Le coucou chante : coucou!
Le pinson gazouille.

le cheveu fin      le mouton timide
le cou nu   la feuille sèche
la petite bouche   la louve farouche
le joli sourire   le caillou de la route

Loulou boude.

La meule du moulin a moulu la farine.

(L'ÉTÉ : commence le 21 juin, finit le 22 septembre, dure 93 jours.)

SYLVESTRE, QUI DEPUIS LE MATIN FAUCHE LES BLÉS MURS, AU GRAND SOLEIL, EST BIEN CONTENT MAINTENANT. POURQUOI ?

4ᵉ EXERCICE DE LECTURE.

L'A — L'É — L'I — L'O — L'U... — AR — IR — OR — UR...

Léon mène Noémi
à l'école.

l'élève   l'ouragan
l'école   l'écume
l'ami   l'épave

L'ouragan épouvante le marin.

l'avalanche
l'abîme
une ourse
un ourson
l'os de mouton

l'ognon
l'échalote
l'amande
l'aveline
l'olive amère

Éléonore, la petite amazone.
Ursule a ourlé sa robe.
Octave a abîmé son éperon.
L'ourse lèche son ourson.
Eustache s'étire.

l'âne
l'ânon

le bouton-d'or
l'anémone

l'épi
l'épine

*Raoul a gagné un écu; il achètera
une arche de Noé.*

5ᵉ EXERCICE DE LECTURE.
BAL — BIL — BOL — BUL...

Le facteur porte le journal.

le cheval   le castor
le bourdon   la carpe
la fourmi   la sardine

le facteur   la tour
le docteur   la porte
le maréchal   le garde
le laboureur   le major
le charlatan   le sapeur

Un pêcheur acharné.

le sac sale   le joli jardin
le charbon dur   le jasmin pâle
le four énorme   le lis épanoui
la corde solide   le chardon mûr

Ramoneur! Ramoneur!

Alix regarde.   Chut!   Justine parle.
Victor marche.   Bonjour!   Félix calcule.

Gaston a un mirliton.   *Gustave a un canif.*

6ᵉ EXERCICE DE LECTURE.
BLA — BLÉ — BLI — BLO — BLU.

la balustrade   A table   la promenade

la vitre   la brioche   le sucre   la grève
la fenêtre   la crème   la praline   le sable

La chèvre cabriole.
Le cabri broute le trèfle.
La couleuvre se montre.
Le cabri a peur !

la couleuvre   la grenouille
la chèvre   le crocodile
le cabri   le tigre
le trèfle   l'arbre
la primevère   la branche

La dégringolade.

André a trébuché, il a égratigné sa figure; il grogne; il pleure. — Clara fera de même.

7ᵉ EXERCICE DE LECTURE.
IA — IÈ — IO — IU.

   la couturière   la meunière
l'étui   le pieu
le cuir   le lieu

la cafetière   la volière
la soupière   le lièvre
la viande      la fuite
la salière   la poursuite
la bière   la frontière

   Le pêcheur va sur la
rivière ; s'il pêche
une truite, on la fera vite
cuire.

Adieu la crème !   Diane se chagrine :
La fruitière se fâchera.   Son poupon a de la fièvre.

la cantinière   l'écolière
la vivandière      la fluxion
le ratafia   la pitié
la tabatière   l'amitié

Le camélia de la jardinière a fleuri.

8ᵉ EXERCICE DE LECTURE.
OI — OIN.

Antoine se lève à la pointe du jour,
il soigne son cheval,
lui porte de l'avoine,
le mène à l'abreuvoir.

Le soir, le cheval tirera la voiture de foin.

Noiric a avalé
du poivre ;
il a bien soif ;
il va boire à sa
petite
soucoupe.

Victoire a soin
d'avoir un
joli
mouchoir propre ;
la voilà à
son tiroir.

Éloi va à la foire,
il achètera :
une armoire,
une boîte,
une écritoire,
de la toile.

— Bonsoir, maman !
Rêve à moi !
— Oui, mon amour ; bonsoir !

Gare à toi, petite
ta maman cachera
le joli miroir.

Il va pleuvoir : la lune se voile.

(L'HIVER : commence le 21 décembre, finit le 20 mars, dure 89 ou 90 jours.)
LA NEIGE! LA NEIGE! TOUT EST BLANC ET L'ON CROIRAIT MARCHER SUR UN TAPIS TRÈS DOUX.

I. — LILI.

LES DOUZE PETITS CONTES suivants offrent l'application des éléments simples enseignés à l'enfant dans la série des exercices qui précèdent. — On trouvera, de la page 45 à la page 54, une nouvelle série de vingt-quatre exercices présentant successivement les exceptions et les difficultés qu'amènent les différentes combinaisons orthographiques.

Lili va à l'école; l'école se trouve un peu loin; Lili chante pour réjouir sa route. Lili a un sac pour contenir son livre, sa plume, sa règle. Sur son sac se trouve une petite gravure; le sac a pour bride un joli ruban brun. Lili se dépêche, car la cloche tinte. Vite à l'école! vite à l'étude! Lili rêve de savoir écrire à la fin de l'été, car son papa partira pour un séjour à la montagne, il lui écrira. Lili voudra répondre! oui, une grande réponse par la poste.

II. — MÉDOR.

Gustave a couru à son coin favori, du côté de la petite mare; son bon Médor l'a suivi; couché sur le gazon, Médor regarde son ami; pour sûr, Gustave sera un marin : de la moindre feuille il forme un navire; une fleur figure le pilote.... Plouf! voilà Gustave lui-même parti, il a trébuché, il roule la tête la première.... Il va être mouillé! Non! Médor a vu la chute de son ami; il a  bondi; d'un élan, il l'a rejeté sur le gazon, seule une boucle blonde a touché la mare.... Grande peur, peu de mal! Gustave câline son brave Médor. Il l'a mérité!

III. — LA MONTRE.

Zoé a une montre; son frère Toto a demandé à la voir; Zoé a sorti sa montre; Toto la regarde. La montre a une petite boucle pour la retenir; la montre a une clef; la montre marche le matin, la montre marche le soir; la montre chante: tic-tac, tic-tac. La montre a un cadran; sur son cadran se trouve une  grande branche à côté d'une petite; la grande branche marche vite. Sur le tour du cadran se trouve une singulière écriture noire; voilà l'écriture du cadran : I II III IV V VI VII VIII IX X XI XII.

IV. — COIN! COIN! COIN!

Madame la cane mène sa troupe à la mare. Chacun  se dandine, chacun se dépêche. Un caneton se juche sur une planche; il piaille : Coin! coin! coin; « Vole un peu, mon chéri! vole un peu », lui répète sa maman. Il tâche d'obéir, bon! le voilà sur la mare, où toute la troupe barbote.

V. — LOLA.

Alix va conduire sa Lola à la promenade, car sa maman lui a prêté la voiture de Bébé ; on a déjà relevé la capote ; Alix fera le cheval, Lola sera la dame ; on galopera ; on  fera le tour du jardin ; on sortira sur la grande route : la course sera charmante.

ALIX : Dépêche-toi, Lola, la voiture va partir. — Lola a peur, Alix la gronde.

ALIX : Lola, regarde si mon frère pleure à la promenade. Notre maman le garde ; moi, je te garde de même : calme-toi donc. — Lola se console. Bon ! on va vite partir.

VI. — CACHE-CACHE.

Voilà mon ami Cache-Cache. Il demeure sur un chêne. Il a bâti là une petite cabane à l'abri d'une énorme branche. Il a garni sa cabane de bon foin fin. Il se lève à la pointe du jour. S'il va pleuvoir, il retourne dormir. Sinon il se prépare à partir : il lèche son poil, il étire sa moustache. Il déjeune d'une amande de sapin ; son déjeuner achevé, il se promène : il danse, il cabriole, il se montre, il se cache. Le moindre frou-frou l'épouvante. Paf ! le voilà disparu : on a marché sur une feuille sèche. Adieu Cache-Cache !

AU JARDIN DU LUXEMBOURG : LES BATEAUX.

VII. — UNE SINGULIÈRE CAVALCADE.

Dédé a vu son ami Robin-Mouton ; il a voulu venir à côté de lui. Sa petite maman, Marion, l'a amené.

Dédé : Chère petite Marion, monte-moi sur Robin ; il sera mon cheval.

Marion : Demande à Robin....

Dédé consulte son ami ; le brave animal bêle pour dire oui. Marion soulève un peu son frère ; le voilà sur Robin-Mouton. Robin marche ou broute à son gré ; Dédé chante.

Marion : Écoute, Dédé : Robin se montre bon pour toi ; à son tour mon Dédé sera poli pour Robin, il lui coupera une grande plante de trèfle.

Dédé : Oui, oui, une grande plante de trèfle !

VIII. — LE LAPIN DE LA MONTAGNE.

Moi, le jeune lapin de la montagne, je me lève de bon matin. Je broute un peu de lavande pour mon déjeuner ; je cabriole, je batifole.... Chut ! on marche,... je relève la tête, j'écoute : voilà Mirza, voilà Fox, voilà le garde. Adieu lavande, adieu romarin, je retourne à mon trou !

IX. — LA TOUR.

Madelon a sorti son jeu de domino. Frédéric, son frère, va lui bâtir une tour, une grande tour solide. Madelon regarde. A toute minute Frédéric réclame un domino à Madelon.

FRÉDÉRIC : Pour la muraille, Madelon ; pour la porte, pour la fenêtre, pour la plate-forme.... — La tour monte, une tour énorme. Madelon chante : Bravo ! — Frédéric admire sa tour. Voilà la fin, le domino de la toiture. Bravo ! bravo ! Non : la tour branle.... Paf !... la voilà sur la table !

X. — L'ÉGRATIGNURE D'ANDRÉ.

Moustache a voulu venir dire bonjour à son ami André, il a monté sur la table, il a joué, il a filé son ronron ; André a été ravi ; à la fin André tire le poil de Moustache. Gare à André ! Moustache se fâchera, il égratignera ! André pleurera ; il racontera à sa maman la conduite de Moustache : « Regarde, maman, Moustache a égratigné ton André ». La maman répondra : « Mon André a tiré le poil de Moustache : il a mérité son égratignure. »

(L'AUTOMNE : commence le 22 septembre, finit le 21 décembre, dure 91 jours.)
VIVE L'AUTOMNE ! DISENT LES PERDREAUX EN BECQUETANT LES BAIES ROUGES ET LES GRAINS DORÉS. HÉLAS !
VOILÀ UN COUP DE FUSIL, PUIS UN AUTRE. PAUVRES PERDREAUX !

XI. — LE FRÈRE D'UN JOUR.

Mimi a un jour; Nina a voulu le voir, Marc a suivi Nina.

NINA : Bonjour, mon Mimi chéri!

MARC : Regarde, Mimi : Nina sera ta petite maman, moi, ton papa.

Mimi ouvre sa bouche : il va répondre ? Non ! Il pleure ! voilà Nina toute triste. Marc la console; la nounou console Mimi.

MARC : Écoute, Nina : notre Mimi grandira, il parlera, il marchera seul, il sera notre ami.

LA NOUNOU : Chut! Mimi va dormir.

XII. — FIFI.

Voilà l'été. Fifi, le pinson du jardin de Sara, a reparu, suivi de Fifine. Il a rebâti sa petite demeure à l'abri du chèvrefeuille : un peu de paille sèche, un crin de cheval, de la plume.... Déjà Fifine couve. Son mari gazouille sur une branche.

Un matin Fifine murmure : « Regarde, Fifi ! » — Fifine se lève à demi; le pinson regarde : voilà une petite tête! Bon, une seconde tête à côté de la première ! Fifi chante sa chanson de fête:

Bonjour! bonjour! | *Bonjour! bonjour!*
Pinson joli! | *Pinson chéri!*

9ᵉ, 10ᵉ ET 11ᵉ *EXERCICES DE LECTURE.*

9ᵉ. — ASE — ISE — OSE... équivalent à AZE — IZE — OZE...

LES VINGT-QUATRE EXERCICES qui suivent (pages 45 à 53) présentent les exceptions et difficultés qu'amènent les différentes combinaisons orthographiques. — Dans ces exercices, les mots continuent à être le plus possible groupés d'après les idées qu'ils éveillent ; cependant les exigences de l'orthographe ont imposé plusieurs manquements à cette règle ; les mamans voudront bien y remédier en inventant elles-mêmes les transitions nécessaires pour soutenir l'intérêt des petits lecteurs.

l'église
la bise
l'asile
la masure

la laveuse
la chemise
la blouse
la camisole

Louise va à l'église. Rosa parle à sa cousine.
Lise a un vase de réséda. Rosine a une valise grise.
Désiré fera une visite. Casimir a une ardoise.
Élisa porte de la tisane à sa maman.

10ᵉ. — ÇA — ÇO — CI — CÉ... équivalent à SA — SO — SI — SÉ.

la cigogne   la citrouille   le garçon   le limaçon
la cigale   le cèdre   la façade   le colimaçon
la puce   la cime   la leçon   la balançoire
le puceron   le glaçon

Constance grimace.   Lucie se balance.
Cécile récite sa leçon.   Célina va à la noce.
Alice suce son pouce.   La source murmure.
La bise a déraciné le cèdre. Le limaçon gâte le céleri.

11ᵉ. — GE — GI — GEA — GEO... équivalent à JE — JI — JA — JO.

le nuage   l'image   le givre   le pigeon
l'orage   la page   l'orge   la girafe
le déluge   l'éponge   la tige   le singe
            le bougeoir   la fougère

Papa partage une orange.
Le général a du courage.
Geneviève a été sage.
Eugène a mal à la gorge,
il a la rougeole.

12ᵉ, 13ᵉ ET 14ᵉ EXERCICES DE LECTURE.

12ᵉ. — GUE — GUÉ — GUI.

la guirlande
le gui
la marguerite

l'orgue
la guitare
le guéridon

le dogue
la guenon
la sarigue

le guide
la guérite
la guêtre

Guignol !

Marguerite a été malade ; le docteur a regardé sa langue.

13ᵉ. — KA — KÉ — KI — QUE — QUI...

le requin
le bouquetin

la tunique
le casque

le képi
le coke

le kilo
la polka

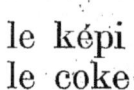

Le coq béquète.
Le moustique pique.

La barque craque.
L'aquilon gronde.

La troupe du cirque

14ᵉ. — PHA — PHE — PHI équivalent à FA — FE — FI...

le géographe
la sphère

l'orphelin
le phosphore

Le phare tourne.
Le zéphire murmure.
Alphonsine pleure.

La phalène vole.
Le phoque nage.
Joséphine mange.

Le photographe.

15ᵉ, 16ᵉ ET 17ᵉ EXERCICES DE LECTURE.

15ᵉ. — AFFE — IFFE — OFFE équivalent à AFE — IFE — OFE.

| la griffe | le ballon | la pomme | la lionne |
| la truffe | la ville | la flamme | la canne |

| la nappe | le marron | le coussin | la patte |
| la grippe | la barre | le carrosse | la botte |

La poule glousse.
Le poussin trottine.
Le rossignol gazouille.

La bise souffle.
Marianne tousse.
Marianne a la grippe.

16ᵉ. — HA — HI — HO... équivalent à A — I — O...

le hêtre	la hutte	l'homme	l'horloge
le hibou	la hache	l'hôpital	l'heure
	la hotte	l'huître	

Le hibou chasse le soir.
L'horloge a sonné une heure.
Le bûcheron habite une petite hutte
Thérèse heurte à la porte.

17ᵉ. — A équivaut à AC — ACH — AS — AT — AP...

| l'ananas | le bras | le chat | le soldat |
| le lilas | le bas | le rat | le tabac |

Le plat d'ananas
La branche de lilas
Le bas de coton
La robe de taffetas
Le matelas de crin

La tunique de drap
Le baptême du feu
Le bras du soldat
Le bât de l'âne

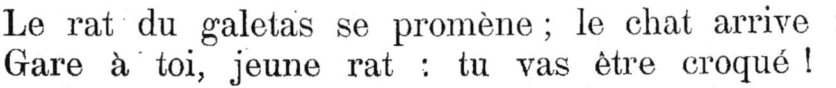

Le rat du galetas se promène ; le chat arrive :
Gare à toi, jeune rat : tu vas être croqué !

18ᵉ ET 19ᵉ EXERCICES DE LECTURE.

18ᵉ. — É = AI — EI — ET…

l'omelette le bouquet
l'assiette le bluet
l'écuelle le muguet
la demoiselle le serpolet
la maîtresse le chardonneret
la caresse le baudet

la fontaine   la mer   la neige
la maison   le sel   le peigne
la châtaigne   le bec   la reine
la chaise   le cep   la baleine

Babet est à la fontaine.   Isabelle attache son bouquet.
Marcelle tourne l'omelette.   Daniel aime le caramel.
Michel a quitté sa veste.   L'abeille donne le miel.
  Marcel est très fier de son homme de neige.

19ᵉ. — É équivaut à ÉE — ER — ET — EST…

le potager   le nez
le verger   le collier
le pêcher   le tablier
l'oranger   le soulier

la fée   l'écolier
la poupée   le cahier
la dragée   le papier
la nichée   le plumier
la rosée   le sablier.

C'est le dernier jour de l'année. La soirée est très fraîche : il va geler. Bon papa est près de sa cheminée, et il songe ; à quoi ? Devinez !

Au Jardin des Plantes : La Lionne.

20ᵉ, 21ᵉ ET 22ᵉ EXERCICES DE LECTURE.

20ᵉ. — *I équivaut à* ID — IE — IS — IT — IX — IZ — Y.

le tapis
le débris
la souris

la perdrix
le fusil
le nid

le lit
l'habit

la toupie
la bougie

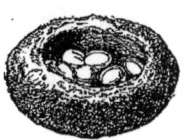

Le cygne nage.

Léonie a le torticolis.   Marie mange du riz.
Louis a un habit de coutil.   Le myosotis est bleu pâle.

21ᵉ. — *O équivaut à* OC = OP — OS — OT — AU — EAU — AUT — AUD...

le chariot   le mot
le grelot   le pot
le trot   le sot

l'aube   l'oiseau
l'auge   le moineau
l'étau   l'agneau

le marmot   le dos
le sabot   le clos

l'eau   le rideau
le seau   le berceau

Le manteau de Paul a un accroc.
Maurice a bu du sirop.
Laure saute à la corde.
Auguste a été sot.

22ᵉ. — *U équivaut à* UE — US — UT — UX — EU — EUT...

La tortue fit une gageure
et la tortue eut le prix.
La charrue laboure.
La chenille est velue.
Le soldat fera un salut.
Le général passe la revue.

J'ai mis mon pardessus.
La ciguë imite le persil.
Le gigot a du jus.
L'angélus va sonner.
La pluie inonde la rue.
La morue est un poisson.

La revue.

23ᵉ, 24ᵉ ET 25ᵉ EXERCICES DE LECTURE.

23ᵉ. — AN équivaut à AM — ANT — AND — EN — ENT.

le marchand
le gourmand
le gland

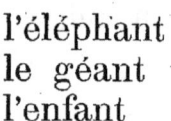

l'éléphant
le géant
l'enfant

le tambour
la lampe
la chambre

l'amende
le centime
le gendarme

Quand la fenêtre a une fente, le vent entre dans la chambre.
On vendange en septembre.

24ᵉ. — ON équivaut à OM — ONC — OND — ONT...

le pont   le bond   l'ombre
le mont   le fond   le plomb

A la pompe!   La rivière coule au fond d'un gouffre profond, sur lequel on a jeté un petit pont. Du jonc! du jonc!

25ᵉ. — IN équivaut à IM — INT — AIN — AINT — EN — EIN...

le pain   l'essaim
la main   la faim

le peintre   le daim
la teinte   le timbre

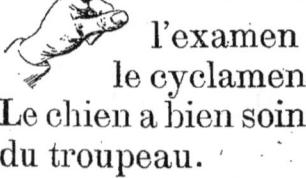

l'examen
le cyclamen
Le chien a bien soin
du troupeau.

le chien
le lien
L'imprimeur a imprimé un joli livre.

Le peintre fait le portrait du jardinier.

26ᵉ, 27ᵉ ET 28ᵉ EXERCICES DE LECTURE.

26ᵉ. — *OU équivaut à* OUE — OUP — OUT — OUX.

le loup	le bout	la joue	la roue
le coup	le goût	la moue	la boue
l'époux			la toux

Le loup réfléchit : il médite un coup. Louis s'engoue.

Louise noue son cordon de soulier. Le navire échoue.

L'Ogre se mit en courroux :
Je veux manger le petit Poucet en ragoût, dit-il à l'Ogresse.
— Pitié, cher époux, pitié !

27ᵉ. — *OI équivaut à* OIE — OID — OIT — OIS — OIX.

la joie	le froid	la croix	le bourgeois
l'oie	le doigt	la noix	le villageois
la soie			le patois
la courroie			le chamois
le foie			le bois

C'est le mois de décembre ; il fait froid. Lise revient du bois. Hélas ! elle ne voit plus son toit ; elle se croit perdue ; mais Benoît l'aperçoit....

28ᵉ. — *OIN équivaut à* OING — OINT — OINS...

le poing
le coing
Pauvre Jeannette,
pauvre Marie :
point de pain,
point de feu !

le pourpoint
l'adjoint
Si du moins il faisait moins de bise !
Pauvre Marie,
pauvre Jeannette !

29ᵉ, 30ᵉ ET 31ᵉ EXERCICES DE LECTURE.

29ᵉ. — EU équivaut à EUE — EUT — EUX — ŒU — ŒUD.

la queue
la banlieue
le creux
le peureux
le paresseux

le cœur
la sœur
le nœud
l'œuf
le bœuf

Il pleut! Il pleut!

30ᵉ. — LLE — LLON — IL — mouillés.

la fille
l'aiguille

l'oisillon
le carpillon

le travail
le corail

le soleil
le réveil

le chevreuil
l'écureuil

l'œil
l'œillet

Un pauvre petit grillon
Caché dans l'herbe fleurie
Regardait un papillon
Voltiger dans la prairie.

31ᵉ. — AYA — AYE — OYA — OYE équivalent à AI-IA — AI-IE — OI-IA...

le voyage
le voyageur

le paysan
le foyer

le pays
le royaume

le rayon
le crayon

Le noyer ombrage la maison du paysan.
Le noyau est amer.
L'écuyer rudoya l'âne.
La sœur Anne voyait la route qui poudroyait et l'herbe qui verdoyait.

Quand la maman de Marton renvoya sa bonne, Marton proposa d'aider à balayer, à nettoyer, à essuyer, à ployer le linge.... La voilà à l'œuvre.

32ᵉ EXERCICE DE LECTURE.

ES *équivalent à* È *dans les monosyllabes* : CES, DES, LES, MES, TES...
S *et* X *marques du pluriel à la fin des mots ne se prononcent pas.* | ENT *marque du pluriel à la fin des verbes se prononcent* E.

LES DINDONS.

Voilà des dindons ; beaucoup de dindons ; ils se rendent au pâturage ; ils gloussent, ils se pavanent, ils étalent toutes les plumes de leur queue ; ah ! les nigauds !

LES COQS.

Ces coqs se disputent ; ils se regardent avec colère ; leurs crêtes rougissent ; ils ébouriffent leurs plumes ; ils se redressent !... Gare les coups de bec.

LES JEUX.

Les toupies tournent ; les tambours résonnent ; les billes roulent ; les cerfs-volants volent ; les chevaux de bois basculent ; les balles rebondissent ; les poupées saluent ; les cerceaux courent.

LES AMIES.

Voilà deux petites amies, elles lisent, elles causent, elles chantent, elles jouent ensemble ; leurs mamans habitent la même maison, et les fillettes se parlent par les fenêtres.

LES CORBEAUX.

C'est l'hiver : les rayons du soleil pâlissent, les fleurs s'effeuillent, les herbes se fanent, les oiseaux souffrent beaucoup ; par la neige ils ne trouvent rien à manger dans les champs ; alors les moineaux piaillent et les corbeaux croassent : croâ ! croâ ! croâ !

I. — LES BULLES DE SAVON.

L'ENFANT qui possédera bien les 32 exercices précédents peut être considéré comme sachant lire ; et les onze petits contes ci-après, où les mots difficiles ont été admis comme les autres, sont destinés à lui prouver son jeune savoir.

René est sorti avec son papa. Ils sont allés au bureau de tabac, pourtant le papa ne fume pas. — « Toc, toc », fait René. La marchande regarde avec surprise ce petit garçon encore en robe, qui lui dit : « Une pipe blanche, s'il vous plaît, Madame. »
En même temps, René montre un sou dans sa main. Il paie et rejoint son papa qui l'a attendu dehors.
Vite à la maison maintenant,... et une jatte,... et de l'eau,... et du savon... Bon, cela mousse ! Jacques plonge alors sa pipe neuve, puis souffle dedans : Ah ! Ah ! comme la pipe blanche fait de belles bulles de savon.

II. — A LA BROCHE !

Il y avait dans une ferme deux jeunes poulets : ils étaient frères et auraient dû s'aimer tendrement. Pas du tout : du matin au soir ils se querellaient et se battaient.

A la fin la fermière dit : « Comment, deux frères se battre ainsi ! Ces petits coqs sont vraiment trop méchants ! »

Et elle les mit tous les deux à la broche.

III. — PETITES SOURIS.

C'est le soir ; il n'y a plus personne dans la salle à manger. Trottinette et Grisemine, deux sœurs souris, sortent de leur trou. Elles vont, sans bruit, se promener sous la table ; et elles grignotent les miettes.

Parfois elles trouvent de très bons morceaux, de grosses croûtes, des débris de dessert. Alors elles s'appellent doucement : « Pst, pst, viens donc voir ! »

Les voilà à leur endroit favori : sous la chaise de Bébé ; il est encore maladroit et laisse tomber beaucoup de choses. Grisemine trouve justement la moitié d'un macaron : « Oh ! comme c'est bon, dit-elle en léchant ses moustaches ; tiens, goûte, Trottinette ! »

IV. — LE PARAPLUIE ROUGE.

Louison, la laitière, vient d'entrer; elle a laissé son grand parapluie rouge tout ouvert; il est près de la porte du vestibule, où Jeanne joue avec Petit-Paul.

Quelle chance! Eux qui désirent tant faire le tour du jardin par la pluie.

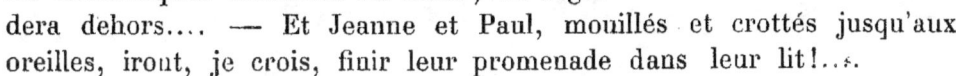

Les voilà partis : L'averse est si forte que l'eau leur rejaillit jusqu'à la figure. De plus, Paul saute de joie, ce qui éclabousse encore.

Oh! comme on s'amuse!...

Mais Louison va chercher son parapluie; les domestiques viendront lui aider; on regardera dehors.... — Et Jeanne et Paul, mouillés et crottés jusqu'aux oreilles, iront, je crois, finir leur promenade dans leur lit!...

V. — UN BON PETIT GARÇON.

Le jardinier du papa de Henri, le brave vieux François, avait été longtemps malade. Enfin, hier, il était redescendu au jardin.

Hélas! comme en son absence la mauvaise herbe avait poussé!

« Ah! disait-il, voilà qui me fait peine à voir », et il essayait de se baisser pour arracher un peu d'herbe, mais cela le fatiguait beaucoup....

Henri accompagnait son vieil ami dans sa promenade et il l'avait entendu. Alors ce matin il s'est levé avec le soleil; il a pris sa pelle et sa brouette et il est parti à travers le jardin.

Avec sa pelle, il arrache l'herbe, puis il en remplit sa brouette, et l'emporte à la fosse aux débris.

C'est François qui sera surpris et content, quand il reviendra au jardin cet après-midi! Henri en est tout joyeux d'avance.

VI. — LE MARCHAND DE SABLE.

MUSIQUE DE Mlle L. COLLIN. — PAROLES DE Mlle H. S. B.

1.

On dit qu'il est un petit vieux
Qui vient le soir jeter du sable
Dans tous les pauvres petits yeux
Des enfants qui sortent de table.

Refrain.

2.

Comment vient-il dans les maisons ?
Par le trou noir de la serrure ;
Et sans doute il a des chaussons,
Car nul n'entend, je vous assure !

Refrain.

3.

L'enfant veut rester éveillé,
Malgré lui se clôt sa paupière,
Et le voilà tout habillé,
Dormant dans les bras de sa mère.

Refrain.

4.

« Passez, passez, bon petit vieux,
Dit la maman : mon fils sommeille ;
Mais allez clore aussi les yeux
Du pauvre qui souffre et qui veille. »

Refrain.

Le vieux dans son sac
Puise et crac ! crac ! crac !
Tout s'envole et se verse,
On dirait une averse.

H.S.B.

LE MARCHAND DE SABLE.

MOTS DIFFICILES.

demain
Noël
sœur
soulier
seau
neige
pelle
aînée
offerte
cuisine
dînette

MOTS DIFFICILES.

sommeil
quand
lampe
fourneau
bruit
bonhomme
marchand
heureux
enfant
bientôt
temps

C'est demain Noël ! — Noël, qu'apportera-t-il aux deux petites sœurs qui viennent de mettre leurs souliers dans la cheminée ? Hélène, la plus jeune, voudrait un mouton qui bêle, une pelle et un seau neuf pour ramasser de la jolie neige blanche. Quant à Aimée, l'aînée, elle désire surtout une cuisine pour faire la dînette, et une de ses poupées s'est déjà offerte comme cuisinière.

Les voilà couchées, mais elles n'ont pas du tout sommeil. « Dis, Nounou, demande Aimée, crois-tu que mon fourneau sera très gros ? — Qui sait ! répond la bonne en riant. Mais, gros ou petit, il faut dormir ! »

« Attends, attends, ma chère Nounou, s'écrie Hélène ; je crois que j'ai entendu un petit bruit, c'est peut-être le bonhomme Noël ? — J'espère que c'est plutôt le marchand de sable », dit Nounou, en prenant la lampe.

« Oh ! que non ! assure Aimée, ce soir, vois-tu, Nounou.... » Mais Nounou est partie, et bientôt Hélène ne répond plus à sa sœur, puis Aimée se tait à son tour, car le marchand de sable est bel et bien venu, et il a jeté partout sa poudre d'*endormillon*. — Bonne nuit, heureux petits enfants ! Vous serez bientôt à demain, car le temps passe vite quand on dort !

VII. — TAC.

MOTS DIFFICILES.	MOTS DIFFICILES.
chien	pauvre
mauvais	résistance
plaisir	patient
claire-voie	miette
aboyer	portail
maître	aboiement
soudain	écarquiller
cocher	hargneux
peut-être	reconnaissant

Tac était un petit chien noir frisé, de si mauvais caractère, que son plus grand plaisir était d'aller aboyer à la claire-voie du jardin de son maître, mais on ne le craignait pas, car il ne pouvait sortir. Un jour, pourtant, il réussit à s'échapper et jappait au milieu de la route, quand soudain il se mit à gémir : une voiture au galop lui avait passé sur la patte. Le cocher ne s'en aperçut même pas, mais une troupe d'enfants accourut : « Pauvre bête! » s'écrièrent les fillettes. « Si nous lui bandions la patte », proposa un garçon. « Oh! répondit un autre, il est peut-être méchant : il aboie toujours contre nous. »

Mais Tac se laissait prendre sans résistance, et Marie avait déjà sorti un peu d'étoffe de sa poche. Rose offrait au patient une miette de fromage, si bien qu'en un tour de main la patte fut bandée et Tac parut très soulagé ; alors on alla sonner à la porte du jardin pour le ramener chez lui....

Quelques jours plus tard, les mêmes enfants, venant à passer, entendent, derrière le mur qui longe la route, de petits aboiements très doux, et lorsqu'ils arrivent à la claire-voie, ils aperçoivent Tac qui semble leur dire : « Approchez-vous, mes amis, approchez-vous donc! » Et ils s'approchent, grimpant sur le mur ou se perchant sur la barrière. Alors voilà le petit frisé qui se tient droit, présente les armes et danse.... Les enfants écarquillent leurs yeux ; Rose se penche à tomber ; Marie, Jean, Louise et les autres poussent des cris de joie! Ce Tac, si hargneux !... Eh! c'est que Tac est reconnaissant.

VIII. — LE VIEUX SABOT.

MOTS DIFFICILES.

sabot
grenier
araignée
épousseter
creuser
percer
gentil
ciron
plongeon
capitaine

MOTS DIFFICILES.

oisillon
effort
accueil
papier
pavoiser
honnêtement
service
chaussure
maintenant
métier

Il y avait une fois un vieux sabot dépareillé, qui dormait dans un grenier, sous les toiles d'araignées et la poussière ; et il croyait rester toujours là, quand, un jour, il se sentit prendre, épousseter, puis creuser et percer de plusieurs trous au fer chaud ; il se crut perdu ! Mais dans les trous on planta des bâtonnets ou bien on y passa des ficelles, et deux voix joyeuses s'écrièrent bientôt : « Oh! quel joli navire! »

Oui, c'était un navire, que le grand-père, vieux marin, avait ainsi fait en quelques minutes avec ce vieux sabot.

Qui était content? Jeanne, Eugène et le sabot donc,... lui qui avait cru mourir au grenier, rongé par les cirons! Aussi jamais navire ne flotta plus bravement : si un coup de vent le renversait, il poursuivait sa route sur le flanc ; si une vague l'engloutissait, il ne faisait qu'un plongeon et remontait au plus vite. Tout l'équipage périssait (capitaine et matelots de papier découpé), qu'il marchait quand même !

Enfin, un jour il fit, à lui tout seul, un sauvetage : un oisillon à peine couvert de plumes tomba d'une branche qui s'avançait sur l'eau ; le navire se balançait doucement dans le voisinage ; l'oiseau l'aperçut et par un effort suprême il réussit à venir s'y percher. Les matelots lui firent bon accueil et le capitaine commanda aussitôt de gagner la terre. Doucement, doucement, le vieux sabot se rapprocha du bord, bientôt il l'atteignit et, déposant son passager, il allait repartir, quand Jeanne et Eugène, qui le guettaient, s'élancèrent : « Viens, brave des braves! viens, qu'on te fasse fête! »

Et Jeanne chercha tous ses rubans ; Eugène coupa son plus beau papier d'or en bandelettes pour pavoiser ce vieux sabot qui, après avoir fait honnêtement sur terre son service de chaussure, faisait maintenant si glorieusement sur mer son métier de navire.

IX. — LE RÊVE D'ALICE.

MOTS DIFFICILES.

sept
corbeille
reine
jouet
douillet
choyé
baguette
croissant

MOTS DIFFICILES.

cadeaux
grimace
phrase
semaine
bergerie
paquet
plusieurs
pauvret

Alice a eu sept ans ce matin et elle a reçu la plus jolie corbeille de joujoux que l'on puisse désirer ; aussi s'est-elle amusée comme une reine pendant toute la journée. Maintenant, après avoir replacé tous ses jouets, elle est allée se coucher, et sa maman lui a dit, en la bordant dans son lit douillet : « Quelle heureuse petite fille tu es, ma chérie : choyée, comblée, tandis que tant d'autres petits enfants n'ont jamais de fête !... »

Alice s'est endormie ; mais tout à coup elle a vu entrer dans la chambre une belle dame blanche, avec un croissant d'or au front et une baguette d'argent à la main. La belle dame prend la corbeille de jouets dans ses bras, la pose sur la table ; elle fait un signe de sa baguette vers Alice, et celle-ci se trouve apportée tout habillée devant la table : « Je suis la fée aux joujoux des pauvres enfants, dit la belle dame ; et tu n'as pas besoin de moi ; cependant je t'apporte un dernier cadeau : un de mes livres de grimoire.... »

Alice ne peut réprimer une petite grimace ! « Peut-être n'y comprendras-tu rien, ajoute la fée ; peut-être aussi... ; enfin, le voilà par-dessus tout le reste ! » Et la fée disparaît. Alice prend le petit livre, le feuillette ; à chaque page il y a un nom et une petite phrase :

« Henri Mora, 6 ans. petit garçon infirme ;

« Jeanne Nalou, 4 ans, n'a pas même une poupée en chiffons », etc.

Deux ou trois semaines plus tard, c'était le Nouvel An, et, Alice ayant mis à part sa bergerie, des livres et des poupées, elle en fit des paquets et écrivit l'adresse de ses petits voisins : Henri Mora, Jeanne Nalou, Francis Boy et plusieurs autres pauvrets des environs. Elle avait compris le grimoire de la fée.

X. — LES CINQ SENS.

Ce chien et ce chat ont une triste histoire, qui serait plus triste encore sans leur petit maître, Maurice. Tous trois se sont levés ce matin de très belle humeur et se sont mis à déjeuner de bon appétit, Maurice avec une tartine de miel, Azor avec un os, Minet avec un bol de lait; chacun se régale : Maurice trouve à sa tartine un délicieux goût de sucre et de fleurs, et Minet fait claquer sa langue en buvant, car son lait a très bon-goût, et c'est avec la **langue** et le **palais** que l'on s'aperçoit du **goût** des aliments.

Tout à coup Minet tourne les yeux vers Azor; or, comme les **yeux** servent à voir, et que Minet a une très bonne **vue**, il aperçoit un petit brin de moelle tombée de l'os d'Azor. Minet adore la moelle; il s'élance. Azor, qui avait mis ce bon morceau de côté pour la fin de son repas, se fâche. Minet se sauve, et, l'un pourchassant l'autre, ils vont tomber dans un grand baquet de petit-lait aigre posé par là.

Ils auraient pu s'y noyer; c'est alors que Maurice, qui les a suivis des yeux, est venu à leur secours et les a sauvés; avec sa **main droite**, qui est la plus habile, il a saisi Azor, le plus gros; avec sa **main gauche**, moins exercée, il a rattrapé Minet, et les a tirés du baquet. Maintenant il va les porter dehors au soleil afin qu'ils se sèchent. Mais ce n'est pas agréable

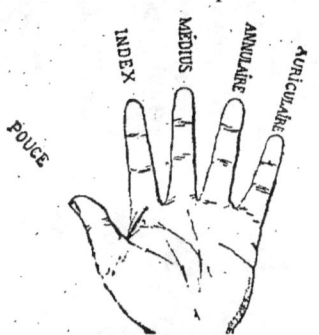

du tout d'avoir les mains dans ces fourrures mouillées, car les **doigts**, qui sont l'organe principal du **toucher**, comme chacun sait, ont une extrême sensibilité.

D'autre part, Maurice souhaiterait en ce moment une troisième main pour se boucher le nez, car ce petit-lait aigre empeste, et c'est le **nez** qui est l'organe de l'**odorat**; et il n'en dédaignerait pas non plus deux autres pour se boucher les oreilles : Azor aboie, Minet miaule; je crois qu'ils se disent encore des sottises! c'est un affreux concert, et c'est l'**oreille** qui **entend**, ou qui **ouït**, comme on disait autrefois.

En somme, voilà les cinq sens de Maurice : le **goût**, la **vue**, le **toucher**, l'**odorat** et l'**ouïe**, tous employés en quelques instants; comme ils sont utiles! Ceux qui n'y voient pas, les **aveugles**, et ceux qui n'entendent pas, les **sourds**, sont vraiment bien à plaindre.

LES HEURES
AU CADRAN ET DANS LE CIEL.

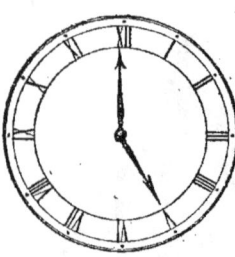

CINQ HEURES.

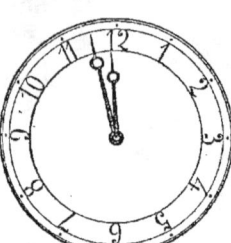

MIDI.

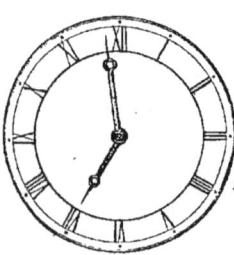

SEPT HEURES.

MINUIT.

Voici le mois de mai : Il est **cinq** heures du matin : la petite aiguille du cadran est devant le nombre **cinq**, et la grande devant le nombre **douze**. Le soleil paraît ; il monte dans le ciel et ses rayons commencent à toucher le sommet de la girouette ; la campagne s'éclaire, les hommes se lèvent et vont au travail.

Il va être **midi** : la grande et la petite aiguille arrivent au milieu du cadran. Le soleil est au milieu du ciel, tout là-haut, et il est bien chaud, car c'est le mois de juillet ; on fait la moisson, mais les moissonneurs boivent à leur gourde, ou se reposent un moment, assis à l'ombre de leurs gerbes.

C'est la fin de l'après-midi : la grande aiguille arrive sur le nombre **douze**, la petite est sur le nombre **sept**, car il va être **sept** heures. Le soleil est descendu vers l'horizon, on dirait qu'il se plonge dans la mer. Peu à peu le jour diminue, l'ombre s'étend et le soir approche. Les marins qui veulent rentrer avant la nuit se hâtent de ramer vers le port.

C'est bientôt **minuit**. La grande et la petite aiguille sont placées sur le cadran comme à **midi** ; mais, au lieu du beau soleil doré, on voit la lune et les étoiles, et malgré leur lumière il ne fait plus jour, l'air est frais et les hommes dorment. Bonne nuit à tous !

LE LEVER DU SOLEIL.

MIDI.

LE COUCHER DU SOLEIL.

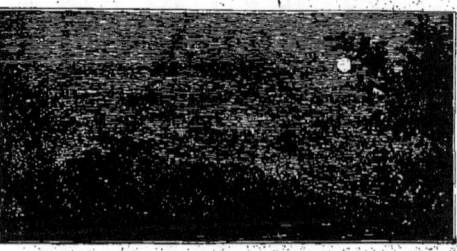

MINUIT.

« QUEL EST L'IMPERTINENT QUI OSE ME REGARDER AINSI ? »

L'ANNÉE, LES MOIS, LES SAISONS, LES JOURS.

Voilà le Nouvel An! voilà le nouvel almanach! Une année a fini, une autre commence. Qu'est-ce qu'une année? Regardez : Plus de feuilles aux arbres, plus de fleurs dans les jardins; il fait très froid, et cela s'appelle l'hiver; puis plus tard il fera moins froid, les feuilles reviendront, les oiseaux chanteront, il y aura des fleurs, et cela s'appellera le printemps.

Ensuite il fera très chaud et il y aura des fruits de toutes sortes, cerises, abricots, mirabelles, et ce sera l'été. Mais après il commencera à faire moins chaud, les fleurs se faneront, les feuilles tomberont, ce sera l'automne. Et quand ce sera redevenu tout à fait comme à présent, qu'il fera froid et sombre, il y aura un an de passé. Ce sera le Nouvel An de nouveau;

or c'est au bout de 365 fois un jour et une nuit que ce sera ainsi. L'année se compose donc de quatre saisons : l'**hiver** (v. p. 37) ; le **printemps** (v. p. 25) ; l'**été** (v. p. 31) ; l'**automne** (v. p. 43), qui durent ensemble 365 jours en tout.

On divise en outre l'année en 12 mois de 30 ou 31 jours et en 52 semaines de 7 jours chacune. Et voici comment, en partant du Nouvel An, une poule contait son histoire :

Au 31 **Janvier**, Poulette était née.	Jusqu'au 31 **Mai**, elle avait chanté.	Au 30 **Septembre**, elle avait pleuré.
Au 28 **Février**, s'était fiancée.	Puis le 30 **Juin**, elle avait pondu.	Au 31 **Octobre**, elle était perdue.
Jusqu'au 31 **Mars**, elle avait dansé.	Au 31 **Juillet**, elle avait couvé.	Au 30 **Novembre**, était reparue.
Et le 30 **Avril**, s'était mariée.	Puis, au 31 **Août**, elle avait gloussé.	Au 31 **Décembre**, on l'avait mangée.

Quant aux sept jours de la semaine, voici leur refrain : Bonjour, **Lundi**, — Et toi, **Mardi**, — Va dire à **Mercredi** — Que nous irons **Jeudi** — Chercher **Vendredi**, — Pour aller **Samedi** — Dîner chez **Dimanche**, — En cravate blanche.

LA NOURRITURE.

LE PAIN.

LE BLÉ.

C'est l'été : les blés sont jaunes ; les moissonneurs se promènent dans les champs avec leurs grandes faux qui coupent les épis en rangs serrés ; on les ramasse, où les lie ensemble : ce sont les gerbes ; puis on battra le blé, on recueillera les grains sortis des épis, on les portera au moulin, où ils feront de la belle farine blanche et fine qui deviendra du gâteau, mais surtout du pain, de ce pain que l'on mange avec la viande et les légumes et qui, à lui tout seul, peut rassasier les affamés ; vive le blé ! vive la farine !

. Principaux ouvriers nécessaires pour un seul petit pain : le laboureur, le semeur, le moissonneur, le batteur, le vanneur, le meunier, le boulanger.

LA FARINE.

LE VIN.

LE RAISIN.

C'est l'automne : le raisin est mûr et les vendangeurs se répandent dans les vignes, un couteau dans la main, un panier au bras, et les grappes s'entassent dedans, non sans qu'on en picote un grain ici et là ; — allons, courage, la grande cuve attend déjà la récolte ; dès qu'elle sera pleine, on commencera à faire le vin, le bon vin qui fortifie et fait du bien, pourvu qu'on n'en boive pas trop. La vigne semble être originaire de l'Asie ; des marins l'apportèrent d'abord sur les côtes de la Méditerranée, d'où elle se répandit dans tout le midi de la France. Peu à peu on la cultiva même assez avant dans le Nord, car les rois francs se faisaient gloire d'avoir des vignobles sur tous leurs domaines.

LE VIN.

L'ŒUF.

LA POULE.

Cot ! cot ! cot ! La poule est contente : elle a pondu un œuf ! La fermière l'est aussi, elle va chercher l'œuf bien blanc, bien frais ; elle le fait cuire un instant dans l'eau bouillante et elle l'apporte à sa petite fille, qui est un peu malade. Mais c'est si bon l'œuf à la coque, que cela va lui faire du bien, pour sûr.

Et quand elle aura fini, elle saura peut-être deviner l'énigme que voici :

L'ŒUF.

> Ma mère en chantant
> M'habille de blanc ;
> Et pourtant la bonne
> Dit que je suis jaune.
>   Qui suis-je ?

LE SUCRE.

LA BETTERAVE.

Dans un grand champ il y a de grosses plantes qui ressemblent à des carottes, et qui sont si douces, si douces, que les enfants en mangent quelquefois des tranches ; mais ce n'est pas pour cela qu'elles se trouvent là : on va les presser pour avoir leur jus, on préparera ce jus, et, après bien des travaux, on aura... ces énormes colonnes que l'on voit chez les épiciers, enveloppées de papier bleu et qui sont... du sucre !

LE SUCRE.

LES PROMENADES DU JARDIN D'ACCLIMATATION.

LE VÊTEMENT.

LA LAINE.

LES MOUTONS.

Bée, bée-ée! Ce sont messieurs les moutons qui causent, les uns se réjouissant, les autres se désolant de quitter leur manteau d'hiver. Mais l'homme aux grands ciseaux sait que l'été approche, et il tond tout le troupeau sans s'arrêter. Du reste, la grand'mère attend déjà la laine pour faire le fil des bas et des mitaines, et les grandes machines réclament celle dont elles feront nos étoffes.

LA LAINE.

LA TOILE.

LE CHANVRE.

Pan, pan, pan! Pauvre chanvre, son histoire n'est qu'un long martyr : à peine sa plante est grande, qu'on l'arrache pour la mettre pourrir dans l'eau ; quand il est à moitié pourri, on l'étale pour le frapper à tours de bras, jusqu'à ce que toute la belle tige droite soit devenue un affreux écheveau embrouillé; puis, quand il est filé, tissé, transformé en beau linge blanc, les lavandières lèvent sur lui leur lourd battoir.... Pauvre chanvre!

LA TOILE.

LE COTON.

LE COTON.

Le cotonnier est un arbre des pays très chauds, et le coton, c'est d'abord une fleur, puis le chapeau à plume d'une graine; on la décoiffe sans se gêner, et plume sur plume, duvet sur duvet, viennent s'entasser dans de grands sacs; on travaille tout cela jusqu'à ce que les brins soient tous emmêlés les uns aux autres, ce qui fait la douce ouate blanche. Puis on l'allonge en fils que l'on tisse, et voilà l'indienne, le calicot, la mousseline dont la maman fait toutes sortes de vêtements.

L'ÉTOFFE DE COTON.

LA SOIE.

LE VER A SOIE.

Un petit ver sort d'un petit œuf; comme un affamé, il mange des feuilles de mûrier pendant un mois environ, puis il s'enferme dans un cocon qu'il tisse autour de lui avec un long fil luisant sorti de sa bouche. Les hommes dévident tout le fil ainsi enroulé et ils en fabriquent les longs rubans et les belles étoffes fines, souples et brillantes, ces étoffes de soie dont maman a des robes qui chantent, frou-frou quand elle marche.

LA SOIE.

AUTREFOIS ET MAINTENANT.

L'HABITATION.

LA HUTTE.

Il y a bien longtemps, bien longtemps, quand les hommes commencèrent à se bâtir des habitations, ils se faisaient des huttes de feuillage et de roseaux, basses, sans fenêtres, à peine percées d'un trou pour laisser passer la fumée; en guise de plancher, le sol battu....
Et maintenant!

LA MAISON.

L'ÉCLAIRAGE.

LA TORCHE.

Il y a bien longtemps, bien longtemps, quand les hommes commencèrent à essayer de remplacer la lumière du soleil, ils coupaient dans la forêt voisine un rameau de sapin; ils le mettaient dans leur foyer et le retiraient quand il était enflammé. Alors cela flambait avec une fumée si épaisse qu'elle cachait presque la flamme. C'était la torche de résine.
Et maintenant!

L'ÉLECTRICITÉ.

LES VOYAGES PAR TERRE.

Il y a bien longtemps, bien longtemps, quand on voulait voyager commodément, on construisait un chariot de bois beaucoup plus lourd et grossier que nos charrettes ordinaires; on y attelait quatre bœufs, qui marchaient naturellement comme des bœufs, lentement, lourdement. On employait des semaines pour le plus petit voyage.
Et maintenant!

LE CHARIOT.

LE CHEMIN DE FER.

LES VOYAGES PAR EAU.

LE CANOT.

Il y a bien longtemps, bien longtemps, quand les hommes voulaient aller sur les rivières, ils creusaient un tronc d'arbre et se mettaient dans ce canot, qu'ils dirigeaient avec de longues perches plongées jusqu'au fond de l'eau. Descendre était assez facile, mais remonter le courant.... Quelle affaire! On avançait de trois coups de rame, on reculait de deux.
Et maintenant!

LE BATEAU A VAPEUR.

« OH ! LE VILAIN GRAND FRÈRE QUI FAIT PEUR A SA PETITE SŒUR ! »

A TRAVERS LE MONDE.

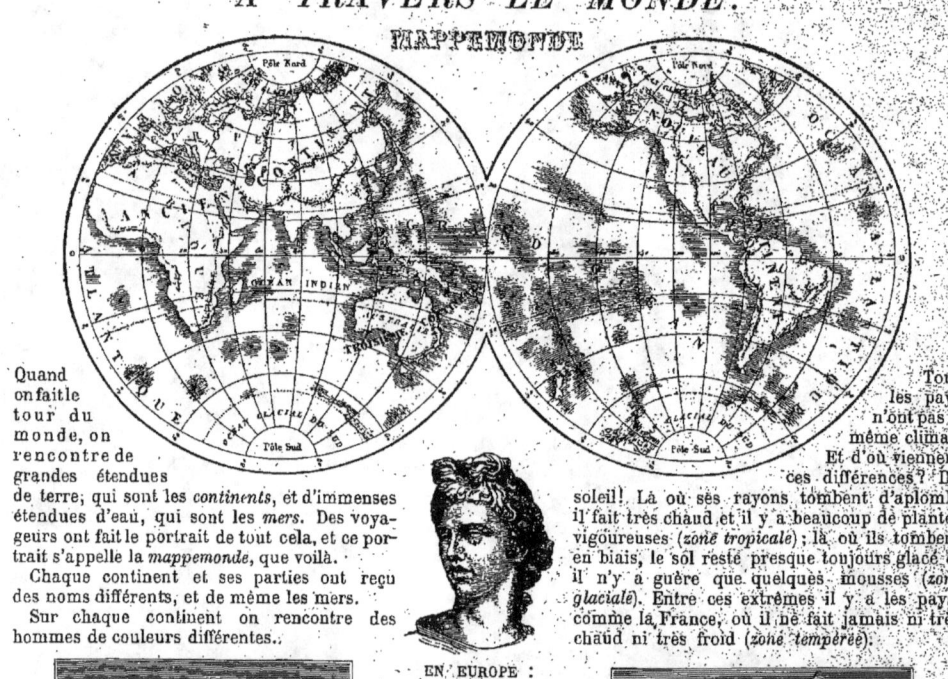

MAPPEMONDE

Quand on fait le tour du monde, on rencontre de grandes étendues de terre, qui sont les *continents*, et d'immenses étendues d'eau, qui sont les *mers*. Des voyageurs ont fait le portrait de tout cela, et ce portrait s'appelle la *mappemonde*, que voilà.

Chaque continent et ses parties ont reçu des noms différents, et de même les mers.

Sur chaque continent on rencontre des hommes de couleurs différentes.

Tous les pays n'ont pas le même climat. Et d'où viennent ces différences? Du soleil! Là où ses rayons tombent d'aplomb, il fait très chaud, et il y a beaucoup de plantes vigoureuses (*zone tropicale*); là où ils tombent en biais, le sol reste presque toujours glacé et il n'y a guère que quelques mousses (*zone glaciale*). Entre ces extrêmes il y a les pays, comme la France, où il ne fait jamais ni très chaud ni très froid (*zone tempérée*).

ZONE GLACIALE.

EN EUROPE : RACE BLANCHE.

EN ASIE RACE JAUNE.

ZONE TROPICALE.

EN AFRIQUE : RACE NÈGRE.

ZONE TEMPÉRÉE.

EN AMÉRIQUE : RACE ROUGE.

NOMS DE NOMBRE.

1 SEMEUR. *1 semeur.*

2 CHATS. *2 chats.*

3 LAPINS. *3 lapins.*

4 ENFANTS. *4 bateaux.*

5 CHÈVRES. *5 chèvres.*

6 CHEVAUX. *6 chevaux.*

7 BOULES. *7 boules.*

8 BOUGIES. *8 bougies.*

9 QUILLES. *9 quilles.*

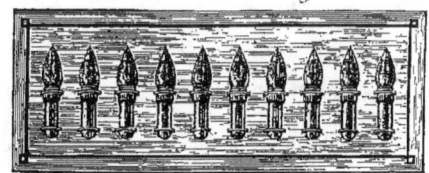
10 PLUMES. *10 plumes.*

EXERCICES DE CALCUL.

CHIFFRES ARABES.

1 2 3 4 5 6 7 8 9 10

1 2 3 4 5 6 7 8 9 10
11 12 13 14 15 16 17 18 19 20 30 40 50 60 70 80 90 100

CHIFFRES ROMAINS.

I II III IV V VI VII VIII IX X

Sur chaque chaise il y a trois boules. Combien y a-t-il de boules en tout?

$3 + 3 = 6$

Si l'on prenait une boule sur chaque chaise, combien en resterait-il sur chacune? combien en tout?

$3 - 1 = 2$
$6 - 2 = 4$

Voici deux tables, il y a quatre flambeaux sur chacune. Combien cela fait-il de flambeaux en tout?

$2 \times 4 = 8$

Voici huit flambeaux; une personne en prend deux sur la table à gauche, un sur la table à droite. Combien enlève-t-elle de flambeaux en tout? Combien en reste-t-il?

$2 + 1 = 3$
$8 - 3 = 5$

Dans chacune des deux mains il y a cinq doigts. Combien y a-t-il de doigts en tout?

$5 + 5 = 10$

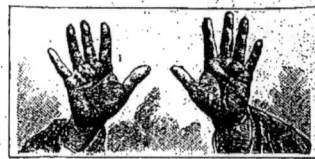

Si l'on retirait une des mains, combien resterait-il de mains et de doigts?

$2 - 1 = 1$
$10 - 5 = 5$

Voici trois chaises; sur chacune il y a deux pelotons. Combien cela fait-il de pelotons en tout?

$2 \times 3 = 6$

Une dame avait six pelotons de laine, elle les place sur trois chaises, en nombre égal. Combien met-elle de pelotons sur chaque chaise?

$6 : 3 = 2$

Voici six poires à répartir également entre six enfants. Combien chaque enfant aura-t-il de poires?

$6 : 6 = 1$

Chaque enfant a un petit frère et partage sa poire avec lui. Quel morceau de poire chaque enfant mangera-t-il?

$1 : 2 = 1/2$

LES MONNAIES, LES MESURES...

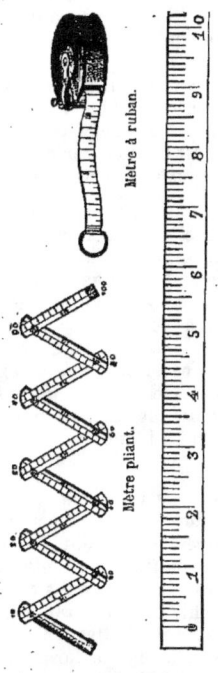

OR — 1 franc (face et revers). 10 francs (face et revers). 20 francs (face et revers).

ARGENT — 1 franc (face et revers). 5 francs (face). 50 centimes ou 1/2 franc (face et revers).

CUIVRE — 1 centime (face). 5 centimes ou 1 sou (face). 10 centimes ou 2 sous (face).

UN MÈTRE DE RUBAN.

DES PILES DE 10, 20, 100 FRANCS.

UN LITRE DE LAIT.

POIDS EN CUIVRE.

POIDS EN FONTE.

BALANCE.

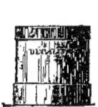
MESURE POUR LES GRAINS.

MESURE POUR LES LIQUIDES.

LA MAISON QUE PIERRE A BÂTIE.

Ceci est la maison que Pierre a bâtie.

Ceci est la farine qui est dans le grenier de la maison que Pierre a bâtie.

Ceci est le rat qui a mangé la farine qui est dans le grenier de la maison que Pierre a bâtie.

Ceci est le chat qui a attrapé le rat qui a mangé la farine qui est dans le grenier de la maison que Pierre a bâtie.

Ceci est le chien qui a étranglé le chat qui a attrapé le rat qui a mangé la farine qui est dans le grenier de la maison que Pierre a bâtie.

Ceci est la vache qui a corné le chien qui a étranglé le chat qui a attrapé le rat qui a mangé la farine qui est dans le grenier de la maison que Pierre a bâtie.

Ceci est la servante qui a trait la vache qui a corné le chien qui a étranglé le chat qui a attrapé le rat qui a mangé la farine qui est dans le grenier de la maison que Pierre a bâtie.

Ceci est le méchant brigand qui a battu la servante qui a trait la vache qui a corné le chien qui a étranglé le chat qui a attrapé le rat qui a mangé la farine qui est dans le grenier de la maison que Pierre a bâtie.

Ceci est le bon monsieur qui a arrêté le méchant brigand qui a battu la servante qui a trait la vache qui a corné le chien qui a étranglé le chat qui a attrapé le rat qui a mangé la farine qui est dans le grenier de la maison que Pierre a bâtie.

Ceci est le coq qui a éveillé le bon monsieur qui a arrêté le méchant brigand qui a battu la servante qui a trait la vache qui a corné le chien qui a étranglé le chat qui a attrapé le rat qui a mangé la farine qui est dans le grenier de la maison que Pierre a bâtie.

Ceci est Pierre qui a semé le grain qui a nourri le coq qui a éveillé le bon monsieur qui a arrêté le méchant brigand qui a battu la servante qui a trait la vache qui a corné le chien qui a étranglé le chat qui a attrapé le rat qui a mangé la farine qui est dans le grenier de la maison que Pierre a bâtie.

Après avoir lu une première fois le texte, il faut lire vite les mots de chaque série, sans regarder ce texte, et en s'aidant seulement de l'image.

ICI FINIT
Mon Premier Alphabet

1392 92. — Corbeil. Imprimerie Éd. Crété.

Maintenant je sais lire !

Paris. imp S. KRAKOW.